玩起来，身心同步的户外养育法

うの今どき
£び」育児

著　原艺菲 译

机械工业出版社
CHINA MACHINE PRESS

3歳からの今どき「外あそび」育児
© Akira Maehashi 2015
Originally published in Japan by Shufunotomo Co., Ltd.
Translation rights arranged with Shufunotomo Co., Ltd.
Through Shanghai To-Asia Culture Co., Ltd.
北京市版权局著作权合同登记 图字：01-2019-6293号。

图书在版编目（CIP）数据

玩起来，身心同步的户外养育法 /（日）前桥明著；原艺菲译. — 北京：机械工业出版社，2020.6
ISBN 978-7-111-65533-6

Ⅰ. ①玩… Ⅱ. ①前… ②原… Ⅲ. ①体育游戏 Ⅳ. ①G898

中国版本图书馆CIP数据核字（2020）第077083号

机械工业出版社（北京市百万庄大街22号 邮政编码100037）
策划编辑：刘文蕾 刘春晨　责任编辑：刘文蕾 刘春晨 于化雨
责任校对：于化雨　　　　　封面设计：吕凤英
插画作者：伊泽加惠　　　　责任印制：孙　炜
北京联兴盛业印刷股份有限公司印刷
2021年2月第1版第1次印刷
145mm×210mm・4.75印张・66千字
标准书号：ISBN 978-7-111-65533-6
定价：49.80元

电话服务	网络服务
客服电话：010-88361066	机 工 官 网：www.cmpbook.com
010-88379833	机 工 官 博：weibo.com/cmp1952
010-68326294	金 书 网：www.golden-book.com
封底无防伪标均为盗版	机工教育服务网：www.cmpedu.com

目　录

孩子活动是否充分？户外活动测评

01 家长不了解孩子的能力，孩子不清楚自己的体力 …001

02 步行越多身体越结实，内心越和善 …005

03 仅靠电视无法掌握纵深感和距离感 …009

　　提高孩子的身体机能！公园游乐设施的使用方法 …014

04 忽高忽低，生活节奏乱套体温也会紊乱 …019

05 保证睡眠质量可以提高学习能力，熬夜会导致学习能力下降 …023

06 充分沐浴晨光，感受神奇的助眠功效 …027

07 即使游戏玩耍，也有黄金时间 …031

08 即使是短短 5 分钟的散步，也是很棒的户外活动 …035

碎片时间也OK！一天的运动行程表 ...040

不用外出也可以！在家也能开展的游戏 ...042

09　请为孩子记住这四个运动技巧 ...044

欢乐又全面的运动，在公园的组合游戏 ...048

10　小伤不断，大伤不见 ...050

11　生活中重要的事情，大多是从朋友身上学到的 ...054

交流想法，养育心灵——交朋友的游戏 ...058

12　假想的危急状态可以刺激孩子的大脑，提升自主神经的功能 ...060

创造假想的危急状态！狼抓羊等游戏 ...064

13　玩耍越多，孩子的内心越沉稳 ...066

14 孩子大多有"回避自己不擅长事情"的倾向 ...070

15 充分玩耍的孩子更可能成为有创造力的成年人 ...074

花些功夫拓宽游戏范畴！借助玩具的运动类游戏 ...078

16 身欲动，心先动 ...082

17 限制过多，孩子会感到不自在 ...086

18 保证孩子安全是家长的职责 ...090

帮孩子规避风险，在公园里安全游玩的方法 ...094

19 像品味时令美食一样体验不同季节特有的游玩方式 ...096

充分刺激五感，在自然中游戏（春·夏）...100

充分刺激五感，在自然中游戏（秋·冬）...103

20 如同无法"攒觉"一样，运动也无法"储蓄" ...104

21 身体不用便会生锈，这对大人来说也同样适用 ...108

亲肤育儿的同时提升运动能力，<u>亲子运动</u> ...112

22 改善生活节奏的小窍门 ...116

23 孩童的"常态"是不正常的 ...121

24 有时效性的户外活动体验 ...125

结束语 ...129

孩子活动是否充分？

户外活动测评

孩子目前的生活状态是否健康、活动是否充分呢？

让我们先来检查一下孩子实际的运动状况和生活状态，以及日常的运动环境吧。请分别回答关于生活和运动的三项问题，并将得分记入空格中。然后通过测评图便可以一目了然地看清孩子哪些地方做得好，哪些地方需要改进。

本书介绍了针对孩子不同的问题可以采用的户外育儿方法，并根据问题分为不同的章节来说明，希望能够帮助各位家长找到适合孩子的户外育儿方式。

＊本测评的适用对象为婴幼儿和小学生。

测评方法

1. 请针对下文的①～⑥项问题用"是""否"来回答。关于孩子在幼儿园或托管班时的情况，可以跟孩子充分交谈后再填入。
2. 回答"是"的计1分（满分5分），然后将每一项的总分记入"孩子成长・发育状况测评图"中的相应位置。
3. 将记好的①～⑥项连线。
4. 组成的六边形面积越大，则说明孩子的身体状况、生活环境、运动环境、发育情况越好。图形越接近正六边形，说明各项指标越平衡，而形状越歪则说明各项指标越失衡。

孩子的成长·发育状况测评图

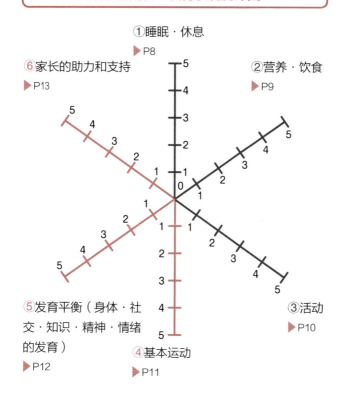

①~③ 生活方面
④~⑥ 运动方面

5分：非常优秀
4分：优秀
3分：可以挑战增加一项达成
2分：需要稍加努力
1分：加油改善吧

生活篇

①睡眠・休息

睡眠是生命活动的基础。不光睡眠时长很重要，入睡和起床的时间点也是非常重要的。如果想要孩子清晨起来一扫昨日的疲劳，也是有窍门的。

○ 睡前准备能在晚上9点前完成吗？

○ 每天晚上能睡满10个小时吗？

○ 早晨能在7点前起床吗？

○ 早晨起床后，会沐浴阳光吗？

○ 早晨起床后朝气蓬勃吗？

回答"是"则计1分，满分5分　合计 ☐ 分

请查阅以下标题的页面寻找对应的改善方法！

- 忽高忽低，生活节奏乱套体温也会紊乱　　　　　　　　　　P19~
- 保证睡眠质量可以提高学习能力，熬夜会导致学习能力下降　P23~
- 充分沐浴晨光，感受神奇的助眠功效　　　　　　　　　　　P27~
- 碎片时间也OK！一天的运动行程表　　　　　　　　　　　P40~
- 改善生活节奏的小窍门　　　　　　　　　　　　　　　　　P116~

生活篇

②营养·饮食

合理饮食是打造健康身体不可或缺的要素，和亲朋好友欢聚一堂享用美食也能滋养内心。孩子用心吃好每一餐了吗？

- 每天都吃早餐吗？
- 早上会如厕吗？
- 吃饭时心情愉悦吗？
- 吃茶点和晚餐之间，是否间隔了两个小时？
- 能做到不吃夜宵吗？

回答"是"则计1分，满分5分　合计　　分

请查阅以下标题的页面寻找对应的改善方法！

- 忽高忽低，生活节奏乱套体温也会紊乱　　　　　　　P19~
- 碎片时间也OK！一天的运动行程表　　　　　　　　P40~
- 像品味时令美食一样体验不同季节特有的游玩方式　　P96~
- 改善生活节奏的小窍门　　　　　　　　　　　　　P116~

生活篇

③活动

下面列举了我们生活中除了吃饭和睡觉以外的主要活动。无论是帮忙做家务还是看电视,哪怕非常细微的小事也会对习惯的养成产生影响,故而不可忽视。

- ○ 上幼儿园(上学)是步行吗?
- ○ 经常在外面玩得满头大汗吗?
- ○ 帮忙做家务时有体力劳动吗?
- ○ 看电视及玩电子游戏的时间,加起来能控制在一个小时之内吗?
- ○ 晚上是否可以悠闲地泡澡、享受闲适的夜晚?

回答"是"则计1分,满分5分　合计 ☐ 分

请查阅以下标题的页面寻找对应的改善方法!

- ● 步行越多身体越结实,内心越和善　　　　　　　　P5~
- ● 仅靠电视无法掌握纵深感和距离感　　　　　　　　P9~
- ● 忽高忽低,生活节奏乱套体温也会紊乱　　　　　　P19~
- ● 像品味时令美食一样体验不同季节特有的游玩方式　P96~
- ● 改善生活节奏的小窍门　　　　　　　　　　　　　P116~

运动篇

④基本运动

想必各位都清楚孩子现在的户外活动量和运动能力吧。如果不清楚的话,可以带孩子去公园一起活动活动,这样便知道他们的体能状况了。

○ 上午是否有外出活动?

○ 下午 3 点到 5 点之间是否充分开展户外活动?

○ 是否均衡开展跑步、跳跃、投球等运动?

○ 是否有单杠、翻跟头、在高台上保持平衡等运动项目?

○ 是否经常在公园的游乐设施上玩耍?

回答"是"则计 1 分,满分 5 分   合计 ☐ 分

请查阅以下标题的页面寻找对应的改善方法!

- 仅靠电视无法掌握纵深感和距离感　　　　　　　　P9~
- 提高孩子的身体机能!公园游乐设施的使用方法　　P14~
- 即使游戏玩耍,也有黄金时间　　　　　　　　　　P31~
- 请为孩子记住这四个运动技巧　　　　　　　　　　P44~
- 花些功夫拓宽游戏范畴!借助玩具的运动类游戏　　P78~
- 保证孩子安全是家长的职责　　　　　　　　　　　P90~

XIII

运动篇

⑤发育平衡（身体·社会·知识·精神·情绪的发育）

是否拥有保护自己的体能，是否可以和他人和睦相处，能否想到好的游戏点子，是否具备拼搏到底的坚韧意志，是否具备忍耐力……请确认如下可以通过游戏来培养的能力吧。

- ○ 孩子在摔倒的时候，是否会抬起下颚、用手撑住身体以保护自己？（身体·安全能力）
- ○ 是否可以和小伙伴们融洽地玩在一起？（社会性）
- ○ 是否能开动脑筋想出游戏点子，开心地玩耍？（智力）
- ○ 游戏后是否可以彻底地收拾整理？（精神力）
- ○ 和他人有冲突时，是否可以控制自己的情绪？（情绪）

回答"是"则计1分，满分5分　　合计　　分

请查阅以下标题的页面寻找对应的改善方法！

- 仅靠电视无法掌握纵深感和距离感　　　　　　　　　　P9~
- 生活中重要的事情，大多是从朋友身上学到的　　　　　P54~
- 交流想法，养育心灵——交朋友的游戏　　　　　　　　P58~
- 假想的危急状态可以刺激孩子的大脑，提升自主神经的功能　P60~
- 玩耍越多，孩子的内心越沉稳　　　　　　　　　　　　P66~
- 充分玩耍的孩子更可能成为有创造力的成年人　　　　　P74~

运 动 篇

⑥家长的助力和支持

由于家长的鞭策和关注，不同孩子幼年期的生活也会有天壤之别。下方问题回答"是"越多，则证明亲子相处的时间越多。亲子互动有利于大人和孩子的身心健康。

- ○ 能创造亲子运动和一起流汗的机会吗？
- ○ 是否认真对待户外活动（家周围或公园等）的机会？
- ○ 比起坐车出行，是否更愿意刻意增加和孩子步行外出的机会？
- ○ 是否和孩子开展韵律操或体操，或者手指操等活动？
- ○ 每天的运动时间超过 30 分钟吗？

回答"是"则计 1 分，满分 5 分　合计 □ 分

请查阅以下标题的页面寻找对应的改善方法！

- ● 即使是短短 5 分钟的散步，也是很棒的户外活动　　P35~
- ● 小伤不断，大伤不见　　P50~
- ● 身欲动，心先动　　P82~
- ● 限制过多，孩子会感到不自在　　P86~
- ● 如同无法"攒觉"一样，运动也无法"储蓄"　　P104~
- ● 身体不用便会生锈，这对大人来说也同样适用　　P108~

XV

当今的育儿充斥着烦恼与不安,
被重重迷雾所包围。
但请放心,
被您捧在手中的这本书中,
有着一个非常简洁明快的答案,
那便是让孩子充分地玩耍。
让孩子和朋友们一起在外面肆意玩闹,
仅此而已。
当然,童年时期要学的东西也像小山一样多,
尽管也会有人觉得不能只是一味地玩耍,

但对于孩子的当下和未来来说,
没有什么比在外面玩更重要的了。
曾有一句老话说:"孩子的任务就是玩儿"。
此言不假。
让孩子尽情地运动、肆意玩耍,
摆在您面前的育儿难题便都迎刃而解了。
想要对户外活动的重要性有更清晰的认识,
请听我徐徐道来。

家长不了解孩子的能力，孩子不清楚自己的体力

现如今我们的生活充满了便利：家里总是四季如春；供人休闲娱乐的方式层出不穷，例如电视、电影或电子游戏等；出门我们可以搭乘公共汽车、私家车或骑乘电动自行车等，现代化的交通也是方便又快捷。

那么我有一个问题想问诸位："您清楚自家孩子能走多远的路吗？"

不仅是步行距离，孩子能从多高的地方跳下来、跑步的速度多快、抓住单杠可以悬垂几秒、"金鸡独立"能坚持几秒……也许很多家长会回答"不知道、不太清楚"。

现在儿童的运动时间和运动场地都大幅减少，家长却对此毫不在意。就连孩子自身也不了解自己的能力。

也许有些家长会觉得，即便没有充足的运动量，只要孩子精神状态好、健康有活力就可以了。但随之而来的诸多成长问题，例如易怒、注意力分散、交友困难、对事物缺乏热情……这些可能会影响到学业的问题，其实都跟成长期的运动匮乏有着密切的关系。

运动不仅能保持身体健康，同时也是心理健康的保障，这当中的缘由我会在下文中详细地阐述。在我看来现在的孩子没有孩子本来该有的样子，归根结底都是运动量不足、玩耍不充分所导致的。

当今社会，很多家长迫于日常的辛劳而放任孩子随意发展，渐渐地便产生了许多不合情理的现象。孩子的作息时间逐渐推迟，他们受到太多来自电视荧幕、游戏机、手机等设备的强光刺激，健康的生活节奏不断被打乱，其直接的结果便是生活陷入恶性循环。早上不吃早餐、上午总是发呆的孩子数量也在不断地增加。

现在孩子的成长环境和我们童年时期大不相同。但人类身体的正常机能却不会在这短短的数十年间发生太大的改变。

对儿童来说最基本的生活仍然是好好吃饭、尽情玩耍、睡眠充足这三点。失去这些,身体的基本功能就会受到影响。

我希望父母能有些危机感,但这并不是要求大家彻底改变现在的生活。我只是希望大家可以意识到,现在孩子的成长环境偏离了本来的样子,希望可以经由我们的行动获得逐步改善。

通过"户外活动"去改变和支持我们的孩子们,这对我们来说是非常重要的选择和行动。

步行越多身体越结实，内心越和善

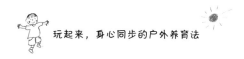

现在儿童的每日行走步数锐减到令人惊叹的地步。以幼儿园五岁孩子的每日行走步数为例,生活在1985-1987年间的日本儿童平均每天步行12000步;而到了1991-1993年间,这个数字减少到了7000~8000步;到了1998年之后,五岁孩子每日步行数量则下降到了约5000步。

也就是说,现在的儿童每日行走步数还不足20世纪80年代儿童的一半。看到这样的数字我们不免喟然长叹。

还有一些现象,例如在通过圆木桥或平衡木的时候,有的孩子总会翘起脚趾,难以维持平衡,经常掉下来;跑步的时候有的孩子不怎么抬腿,常常因为足尖被地面绊到而摔倒。如果孩子每日保持充足的行走步数,就很少会发生这些情况。

行走步数是儿童体力值的一个体现。体力是儿童日常活动的基础,良好的体力让孩子可以正常地玩好、吃好、睡好。

以上这些现象并不能用"现在的孩子体力下降了"一句话来概括。体力不支的孩子大多也存在毅力不足、注意力很难集中的现象。他们和每天都精力充沛的孩子在很多方面都存在着差距。

那怎样才能增加孩子的运动量呢?

首先我建议孩子要步行上下学。这样既能增加步数,又能提升体能,还可以边走边和家长交谈。步行上下学可谓是无可替代的亲子活动。

我的记忆中珍藏着很多小时候祖母接送我上下幼儿园的回忆。"你知道为什么稻穗都低下了头吗?"祖母一边望向丰收的稻田一边问我,接着她说道:"因为它们在向给它们带来和煦的阳光、照顾它们成长的太阳(如同父母一样)表达感谢啊。"

这样寥寥数语,便在我的心中自然而然地种下了感

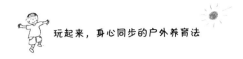

恩的种子。正因为是在这样身临其境、触手可得的环境中,祖母才会生出对我讲述这番话的悠然心境。如果当时我们坐在汽车里或者自行车上,嗖的一下通过稻田的话,想必这样的对话便不会发生了。

接送孩子是每日的必修课,对于家长们希望通过汽车或自行车节约时间的心情,我也非常理解。但每日和孩子步行去幼儿园,却是有益于身心教育和人格形成的珍贵时光。

哪怕每天同孩子一起步行的时间只有10分钟或15分钟,日积月累也会产生巨大的改变。我希望大家可以认识到这段时光的重要性。

孩子的童年时光是非常短暂的,稍不留意便转瞬即逝。也许您的孩子会像我一样,在长大成人后多次回想起在童年时期通往幼儿园的路上,曾经有那段娓娓道来的谈话。

仅靠电视无法掌握
纵深感和距离感

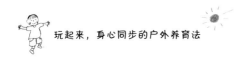

现如今的孩子看电视的时间大幅增加。在丰富多彩的电视节目中,有很大一部分可以带给孩子积极的影响,是寓教于乐的栏目。但孩子观看时间过长的问题,仍然值得我们深入关注。无论电视的清晰度如何提高、功能如何强大,但终究是二维世界。

看电视和看书还不同。看书可以促进孩子动脑和思考,而看电视是一个被动接受的行为,不仅会影响孩子视力的发育,还会妨碍孩子体会真实的世界,限制其想象力。看电视时间过长的孩子,对空间的纵深感和距离感难以把握,经常会和前方或斜前方过来的人发生碰撞。究其原因无非是长时间看电视妨碍了空间认知能力的发展。这样的孩子在和朋友一起玩耍的时候,也经常会被球打到脸,摔倒时也会忘记用手支撑住身体……可能很多父母没有从这个角度认识这个问题,究根问底,发生这种情况的主要原因是孩子们习惯了二维世界中事物之间的方位，但对周遭三维世界中的距离感却无法判断。

儿童期是一个人思维成长的黄金时期。这个时候，孩子的空间思维具有神奇的穿透力。然而，现在过长的屏幕时间正在影响着孩子空间认知能力的发展。如果您正在为孩子的空间认知能力而忧心的话，不妨和孩子玩玩攀爬类的游乐设施。通过攀爬架不光能锻炼孩子爬上爬下的能力，在攀爬过程中更有诸如"爬""钻""转动"等三维空间的运动。当然在这个过程中也能充分运动到四肢，发挥四肢的不同作用。

在玩攀爬架的过程中，即便不用眼睛看，也能判断头部所在的位置，边钻障碍边思考和判断如何不被撞到，这便是空间认知能力。

进一步来说，也可以让孩子和小伙伴一起来玩攀爬架，玩的过程中自然而然地就能衍生出很多好玩的游戏。孩子们可以比拼爬上爬下的速度，在高处还可以想象出类似"高高在上的君王"等角色扮演类游戏，还可以展开想象力去玩过家家、假装有秘密基地一类的游戏。通过攀爬架这样的游乐设施，和小伙伴们互动的同时既锻炼了头脑和身体，又丰富了孩子的内心。

当然我并非全盘否定看电视这一行为，家长也不必一定要禁止孩子观看。我只是认为大人应当让孩子知道，在外面的世界里有比电视更有趣的事物。

孩子的天性会让他们选择有趣的事情。如果孩子选择电视，那肯定是因为他还不知道有别的更有趣的事情存在，即那些现实世界才有的会让他们沉迷其中的事物。比起过去，现在人们待在家里越来越舒适了，家长更要多带孩子出门，让他们体验真实的世界。

小时候的我只要听到"走，抓知了去！"这句话，无论我正在看多么好看的电视节目，都能立刻关掉电视，飞奔而去。这正是因为根据以往的经验，我知道捉知了是多么有趣的事情。

仔细回忆的话，您的童年时代一定也有让您难以忘怀的户外游戏。请带上孩子一起来体验这样的游戏吧，给孩子同样感受大自然和接触各种生物的体验。现实世界的乐趣、开心、困难，只有在三维的现实生活中才能找到。

> **提高孩子的身体机能!**
> # 公园游乐设施的使用方法
> 公园中常见的游乐设施其实是座宝库,根据玩法的不同可以拥有不同的运动体验。

攀爬类游乐设施

攀爬类游戏对孩子的身体发育和各种动作要领的学习都有非常重要的作用。孩子在玩攀爬类游戏时,有时头部会碰到或者背部会撞到钢铁搭建的框架,在边爬边避免危险的过程中,孩子们的空间认知能力和安全意识都会得到锻炼。

● **攀上爬下**

孩子们可以先尝试直上直下的攀爬,适应后可以斜着爬。例如可以定一个目标点,碰到后再返回。

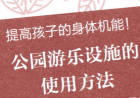

● **抓杆行走**

孩子们可以沿着攀爬架的边缘抓住栏杆行走。此外,还可以挑战转身抓杆背对着走哦。

● **钻进钻出**

从各个方向钻进钻出的游戏可以提前定好路线,然后再按路线钻洞攀爬。

\也可以这样玩/

在攀爬架上玩抓人游戏

抓人的孩子在地面上,其他孩子则分散在攀爬架上。"开始"的口令下达后,便可以来玩抓人的游戏了。游戏开始前可以制定一些规则,诸如时间限制、攀爬的方向、不能从架子上跳下来,等等。

单杠

在日常的生活中孩子很少会大头朝下，有的孩子也会对倒挂存在畏惧的心理。所以可以先从悬垂、正挂这些动作开始，等孩子习惯了玩单杠之后就可以循序渐进地增加难度了。

● **小猴子**

双手抓住单杠，双脚离地挂在单杠上。玩的时候可以记录一下时间，比比看谁能悬挂得更久。有进步后也可以尝试松开一只手。

● **晒被子**

身体向前翻转，然后在腹部处折叠悬挂于单杠上，双手放开，身体放松。

● **后空翻**

双手握住单杠，双脚用力蹬地面同时抬高臀部，然后收腿，一口气从后向前翻转。

向前翻转的要领

很多孩子对翻转的瞬间存在恐惧心理，建议家长站在可以看到孩子表情的地方，与他们对话（帮助孩子放松）。必要的时候可以出手帮助孩子来减缓翻转的速度。

翻转的技巧

双手握杆的方式不限，从上往下正握或是从下往上反握都可以。如果担心腹部碰到单杠的话，可以用毛巾卷住单杠，这样就可以放心大胆地蹬地翻转了。

滑梯

只可以单向通行的滑梯，即便是小孩子也可以玩耍。通过沿着台阶攀爬所获得的攀登感，以及从高处滑下的速度感都会带给孩子雀跃的感觉。稍微花些心思，滑梯还可以有更多花样玩法。

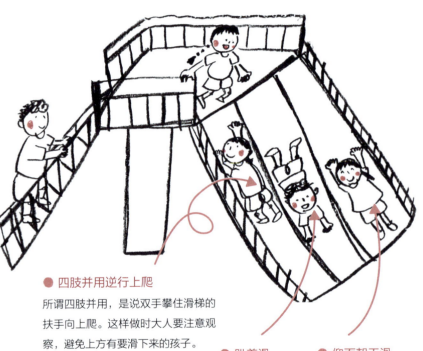

● **四肢并用逆行上爬**

所谓四肢并用，是说双手攀住滑梯的扶手向上爬。这样做时大人要注意观察，避免上方有要滑下来的孩子。

● **趴着滑**

采用卧姿，双手向前伸开地滑下来。

● **仰面朝天滑**

仰面朝天躺着，双手上举或下垂地滑下。

云梯

这个器材可以锻炼全身的肌肉,还可以培养孩子的节奏感和耐力。使用此器材会给身体带来一定的负荷,相应地也能激发孩子的挑战精神。基本有如下的两种游戏方式。

双臂悬垂

用双手抓住横杆,身体下垂。可以双手同时握住一根横杆,也可以两手分别握住两根杆。玩的过程中还可以比拼谁悬挂的时间更长。

向前移动

单手握住横杆利用身体惯性向前移动,移动过程需要掌握好节奏。熟练后还可以跳过一根或者两根横杆抓握前进。除此之外也可以爬上云梯,手脚并用地在上面玩耍。

● 猜拳游戏

分成两队各自从两端爬上云梯,相遇后猜拳,赢的人可以继续前进,输的人则要下去返回起点。

忽高忽低,生活节奏乱套体温也会紊乱

同样都是去幼儿园,有的孩子总是蔫蔫的不爱玩耍,有的却一刻也闲不住总在疯玩。

我对这种现象充满疑惑,于是便来到幼儿园测量了园内所有 5 岁孩子的体温。经测量发现,有的孩子体温较低,还不到 36℃,而有的明明没有生病,体温却达到了 37.5℃。根据测量结果显示,在所有测量体温的孩子中大约有 3 成的孩子体温过低或者过高。

为何孩子们的体温调节能力下降到如此地步了呢?通过更进一步的调查,我发现越来越多的孩子存在"睡眠不足""不吃早餐""看电视或玩游戏的时间过久"等扰乱生活节奏的问题。

保持良好生活节奏的核心要素便是保证充足的睡眠。睡眠时间减少、晚睡晚起都会造成自主神经的功能紊乱。大脑和身体无法正常运作,必然会产生呆滞、注意力涣散、情绪不稳定等情况。

体温异常可以说是孩子们的身体发出的一个危险信号。

人体的体温有着固定的循环模式，凌晨 3 点是人体一天当中体温最低的时候，而下午 4 点则是一天当中人体体温最高的时候。然而晚睡导致生物钟延迟的儿童，其体温循环也会延迟数小时。早晨起床后因体温过低而行动迟缓，或者晚上该睡觉的时候体温却仍然较高而导致无法很快入眠等现象，如此便陷入了恶性循环当中。所以由于这种不健康的生活习惯造成了体温异常的孩子数量在增加。

我认为解决这个问题的关键在于运动量。为了验证我的观点，我们让孩子们入园后尽情地在户外玩耍。这样一来，入园时体温偏低的孩子体温升高了，体温偏高的则温度降了下去。借由体能活动唤醒孩子们"发热""散热"的功能，同时，也唤醒了孩子们的体温调节能力。

我们进一步研究发现，每天持续运动两个小时，如

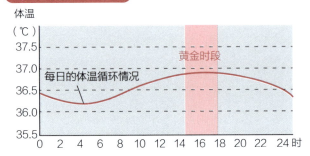

人体每日的体温循环情况

每日的体温循环情况

黄金时段

①每日体温最低、睡得最沉的时段
②身体充分发热的时间段

此坚持 18 天后，体温异常的儿童数量减少了一半。然而在这期间我们并没有刻意教导孩子们要早睡早起、改善生物钟等。仅仅是增加了孩子们的户外活动量。

儿童天性好动，常常给人一种一刻不停的感觉。但是对于习惯了待在温度舒适的室内，花大把的时间看电视的孩子来说，如果没有人刻意地带他们外出活动，是无法获得儿童发育所需的运动量的。所以不管怎样，先带孩子出门，然后再看看孩子是否有所改变吧！

保证睡眠质量可以提高学习能力,熬夜会导致学习能力下降

为了提高学习成绩而熬夜读书的做法其实并不可取。

我们的大脑在睡觉的时候将白天所学的东西消化整理,转变为记忆。睡眠不足便会造成大脑机能不全。

也就是说,为了学习而熬夜,睡眠得不到保障,这样反而会造成学业的退步。相比之下,那些不熬夜学习的孩子,虽然学习时间较短,但很好地保证了正常的休息,学习成绩反而更好。这也是必然的结果。

不单单是学习成绩,睡眠时间的长短和睡眠的质量也跟孩子的发育有着密切的关系。幼儿每天需要保证10个小时以上的睡眠时间。如果只睡9个小时的话,便会出现精力下降、无法集中注意力、焦躁易怒、精神呆滞等状况。

但是近年来孩子们的就寝时间不断地延迟,睡眠时间持续缩短。这样的生活习惯不用说对学习成绩，就是对孩子的基本生长发育都产生了不良影响。

那么我们应当如何保证孩子的睡眠时间呢？有时候只是提前就寝时间并不能让孩子顺利入睡。

保证充足睡眠的关键是要养成可以顺利入眠的体质。孩子们白天充分玩耍、精力尽数挥洒之后，夜间就自然需要休息。这就是通过活动身体，来达到调整生活规律的效果。

充分运动的好处并不仅仅是改善生活规律。对于培养孩子们无法通过书本获得的能力，例如计划能力和执行能力等，运动和游戏的方式是比较好的选择。

通过对很多学生的观察，我越来越觉得从小被家长要求"快去学习"，只知道乖乖学习的孩子们，长大后大多会成为只会解决既定问题的人。而那些具备主动发现问题的能力，并且拥有独立思考和行动的人，则通常是在孩童时代经常做游戏，通过游戏掌握了这些能力的孩子。

升学考试并不是孩子们的终极目标。考虑到个人的综合能力,以及将来在社会上的生存能力,不免让人对牺牲睡眠时间去苦读的做法产生质疑:我们是否对当下孩子的学习成绩投入了过多的关注呢?

所以,如果希望培养出能力更优秀的孩子,在他们年幼的时候还请优先保证他们具有充分的玩耍和睡眠时间吧。也许在现在看来是在绕远路,但总有一天您会发现这样做的重要性。

06

充分沐浴晨光，
感受神奇的助眠功效

　　一会儿睡一会儿醒的小婴儿一天需要睡大约16个小时。看起来他们好像是在不分昼夜地睡觉，但事实上白天射入房间的阳光会投入他们脑内，传递白天到来的讯号。根据这样的信号输入，婴儿也会逐渐建立起白天起床、晚上睡觉的生物钟。

　　相反，用遮光窗帘阻绝阳光，即便天亮了室内也非常昏暗，或者晚上还一直看电视，受到强烈的光刺激，这样颠倒的做法会造成婴儿大脑机能的混乱，无法建立良好的生活规律。如果长时间保持这样的生活，一年、两年，一直到了上幼儿园的年纪，孩子的生物钟就会始终混乱。

　　日出而作，日落而息。根据太阳升起和降落的规律来调整生活作息是非常重要的。太阳升起和降落的规律对人来说是最自然的，日间的活动也利于人们散发更多的活力。

首先,非常重要的一点是早晨起来要把窗帘拉开,沐浴朝阳。照射到阳光后,我们的身体会自然而然地抑制褪黑素的分泌,彻底唤醒身体。

褪黑素在经历了晨光的刺激后消散,会在大约14~16个小时后再度开始分泌,所以褪黑素可以说是保障夜间良好睡眠的开关。仅靠沐浴朝阳,便有了影响"苏醒"和"入睡"时间的力量。

夜晚是"黑暗的""宁静的"。电视和电脑给我们带来的光刺激是非常大的,在光刺激下即便身体要沉睡了,大脑却还醒着。此外,睡前进行让人兴奋的亲子游戏也是不好的,这会使孩子变得兴奋从而体温上升。为了让大脑意识到太阳西斜,到了该休息的时间了,还请在宁静和悠闲中安然度过夜晚的时光吧。仅仅这样一个小小的改变,便对调节孩子的生物钟大有裨益。

另外,不要忽略紫外线的功效。有很多家长担心紫

外线会带来皮肤衰老、皮肤癌等问题。但其实只要避免在盛夏的阳光中暴晒，日常生活中所接触到的紫外线是没问题的。

紫外线是打造健康体魄所必需的要素。经由晒太阳得到的维生素 D3 对强健骨骼、改善神经传导有着很好的效果，还能增加免疫力，帮助病体康复。但维生素 D3 是无法从食物中获得的，只能通过沐浴紫外线获得。

人类的身体中蕴含着千秋万代遗传下来的生物钟，这个生物钟本身也是依托于太阳的升降规律而形成的。

日出而作，日落而息。白天顺其自然地需要在户外活动，然而现在的孩子们却越来越偏离了这样的自然规律。

即使游戏玩耍,也有黄金时间

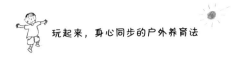

很多人都知道电视节目有黄金时间，但鲜少有人知道玩耍也是有黄金时间的。

人类的身体在夜间睡着后温度会下降，白天体温会随着活动而升高（请参考"04 忽高忽低，生活节奏乱套体温也会紊乱"一节的图表）。故而在一天当中体温最高的时候运动，便会起到事半功倍的效果。

运动员们在竞赛前都会热身，就是为了让体温升高以取得更好的成绩。随着体温的上升，畅通的血液能更好地给身体提供营养，肌肉才能更好地运作。我们在运动前需要做准备活动也是同样的道理。

在人体每日的体温循环中，体温最高的时间段是下午 3-5 时。也就是说这个时间段是一天当中最利于运动的。在这个时间段充分活动身体，还没等到晚饭的时候一定会饿得肚子咕咕叫，食欲大增而大口大口地吃饭。

等到了晚上八点左右孩子便会感到困乏，入睡后可以一觉睡到天亮，起床后也能精力充沛。

无法摆脱"夜猫子"生活习惯的儿童请一定尝试一下在黄金时间运动。

幼儿园常常会安排孩子们上午在户外玩耍，到了下午大多在室内玩耍。然而上午的疲劳会随着午餐和午睡得到缓解，午后不让他们再释放一下，留有多余精力的孩子们是无法早睡的。乱套的生物钟更会使得他们无法适应在黄金时间玩耍的规律。我对这种现象感到非常惋惜，所以现在日本各地的幼儿园在大力推广"午后游戏"。

接纳了我的建议，改为下午3点运动的幼儿园，纷纷给了我这样的反馈——"能在晚上8点入睡的孩子的数量增加了，早上来园迟到的现象也大幅减少了"。

所以要想改善幼儿的生活规律，户外活动是最好的方式。而且在事半功倍的黄金时段活动，效果更是立竿见影。

也有老师担心下午让孩子们在外面玩耍,从幼儿园回家的时候,他们身上的衣服会变得脏兮兮的。这个想法简直无法理解。我认为有必要同时改变老师和家长们的想法,孩子们玩得满身是泥回家才是更好的状态吧。

即使是短短 5 分钟的散步,
也是很棒的户外活动

只要天气条件允许，一天最少要保证 30 分钟的户外游戏时间。

这 30 分钟也可以用零碎时间拼凑。例如早上散步 5 分钟，中午在公园玩 15 分钟，傍晚去购物前活动 10 分钟，东拼西凑积累起来的 30 分钟也没问题。

可以先从因为某件事需要外出这样的由头开始，一点点地积累。

或者这样活动：如果离家不远就有公园，在早晨妈妈做早餐的时候，爸爸可以带孩子去公园散步，带上一个球，来个 10~20 分钟的外出活动；出门购物采用步行，让孩子帮忙一起分担提东西等。

如果幼儿园离自己家太远，不方便走路上学，也可以选择快到的时候把车停好，走上一段距离。

在日常生活中有意识地增加外出的机会，活动时长自然会增加。经过一定时间的积累后，渐渐地您也会对出门玩耍的内容和理想的游戏场所有自己的心得。长此以往还可能和经常在公园碰到的人成为朋友，进一步开展户外活动。哪怕只是出门散步，也会产生很多不会在家里出现的对话吧。

随着孩子年龄的增长，游戏方式也会不断发生变化。平时注意观察孩子喜欢玩什么，对什么样的游戏感兴趣，和朋友交往的模式是怎样的。可以根据孩子的变化不断尝试新的户外活动。最好是能找到让孩子微微冒汗的运

动方式。

也许有的家长会为家附近没有适合的游乐场所而烦恼。但没关系,没有适合的游戏设施甚至什么都没有也不要紧。

不必拘泥于场所,徒手就可以开展的游戏也有很多。

一提到户外活动,大家总会想到户外拓展、主题乐园一类的活动。这类活动其实更多的是大人的自我满足。对孩子而言哪怕什么都没有也没关系,真正让他们开心的是能和自己最爱的父母心灵相通地游戏。

所以不要过度依赖场所和设施,可以多开发一些亲子游戏。如果对此不在行,也可以在孩子面前示弱让孩子看到您的苦恼,甚至将主导权交给孩子。

越是什么设施都没有的状态越能发挥创造力,激发无穷的乐趣。无论是踢鞋子还是跳房子,或者踩影子、捡落叶等,都可以玩出乐趣。

孩子都是游戏的天才,您需要做的仅仅是带他们出门。

碎片时间也 OK！
一天的运动行程表

目标是每天运动 30 分钟。请充分利用生活中的 3 个 "运动机会" 吧！

运动机会 1

准备早餐时的运动

如果是爸爸回家比较晚的家庭，爸爸可以利用早晨的时间和孩子接触。花上 10 分钟的时间，带孩子在家附近散步或者在家里进行亲子运动。晨间活动更能促使孩子感到饥饿，吃好早餐。

运动机会 2

步行去幼儿园

将前往幼儿园的路程变为运动时间，搭乘公交或者开车的话，可以留一段路程步行。快步走可以提升体温，为在幼儿园的活动做好准备。在保证安全的情况下，可以让孩子尝试不同的步行方式，比如蹦跳着前进，或者后退走等。

集中时间开展运动可以取得更好的效果。但是每天要保证30分钟的连续运动时间,对有的家长来说也是不太容易实现的。对于这类家庭,我们建议可以用5分钟、10分钟的碎片时间,每日累计达到30分钟。在此我们以每天去幼儿园或者托管班的幼儿的行程表为例,说明可以开展运动的时间段。

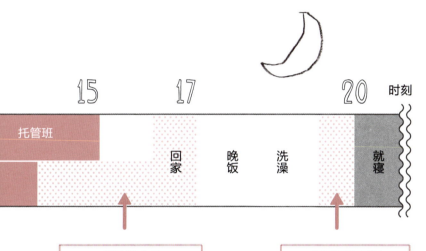

运动机会3

充分利用黄金时间运动

前往幼儿园接孩子回家的时候留出一些玩耍的时间。可以去附近的公园玩或者绕远路回家等,时间充裕的时候则可以增加运动量。这个时间段的运动量直接决定了晚上入睡的状态。

亲子抚触时间

悠闲放松的亲子抚触

在这个时间段可以和孩子一起做做拉伸运动,增加肌肤接触(亲肤育儿法)。亲子一同放松身体和心灵。睡前请避免剧烈运动,剧烈运动会使孩子大脑兴奋、体温升高,不利于入眠。

不用外出也可以！

在家也能开展的游戏

为了避免使家庭游戏等同于看电视或打游戏，可以利用身边常见的物品尝试如下玩法。

报纸

将报纸用撕、扯、折、揉成一团等方法玩，在家中就可以完成丰富的全身运动。

① 撕碎

② 纸屑浴

③ 比赛收拾

④ 玩球（纸屑袋）

毛巾

根据毛巾的大小,可以玩各种各样的游戏。

● 滑行游戏

在光滑的地面上铺上大毛巾,让孩子坐在上面,家长拉动毛巾。这个游戏可以锻炼孩子的平衡能力,对大人来说也是提高体能的运动。

● 小蛇扭扭

将毛巾的一端打个结,用手握住另外一端,晃动毛巾模仿蛇的运动。孩子用手去抓毛巾结(也可以边跑边抓)。

● 用脚踢毛巾

毛巾上系一个结,将之举起让孩子踢,通过改变高度来增加趣味性。

请为孩子记住
这四个运动技巧

我们首先来说明一下体力和运动技巧以及运动能力的区别。

体力是指我们驱动身体的力量，泛指如心肺能力、血液输送能力、耐力等，是体现身体健康程度、精神状态、体能强弱的基础能力。

运动技巧是指跑步、跳跃、球类等运动的操作技巧。结合了体力和运动技巧的综合能力便是运动能力。

也就是说，希望提升运动能力的话，不光要提升体力，同时还需要提高运动技巧。我们接下来介绍的四个运动技巧，如果得以均衡培养，便可以有效地调动大脑和神经的运作，提高孩子的运动能力。

同时这几个运动技巧还可以帮助各位家长判断孩子的长处或弱点，认清幼儿发育的差距，对您判断该跟孩

子做什么类型的游戏也大有裨益。

● 移动类运动的技巧（行进技能）

指需要移动身体的运动技巧，例如步行、跑步、爬行、跳跃、跑跳步、攀爬、钻洞等。通过这类运动，孩子可以很好地培养自己身体对物品的距离感，提升空间认识能力，还能锻炼全身的肌肉力量。

● 平衡类运动的技巧（平衡技能）

指站在高处保持身体平衡、走平衡木等技能。可通过在不平整的地方保持稳定，培养平衡感。

● 操作类运动的技巧（操控技能）

指通过操作玩具完成投掷、踢蹬、打击、旋转、敲击等运动。通过操控器材培养协调性和灵巧性。

● 原地运动的技巧（肌肉耐力）

指无须前后左右大幅度地移动，在原地开展悬垂、搂抱、推拉等运动，比如单双杠活动可以提升肌肉耐力。

例如钻洞就是"移动类"运动，走平衡木就是"平衡类"运动，飞镖游戏是"操作类"运动，单杠是"原地运动"，建议花些心思轮流练习。在下文中我们会介绍公园组合游戏的例子，大家可以参考。

孩子在婴幼儿时期便开始练习这四种运动技巧了。

这些基础的技巧对提高孩子的运动能力有很大的作用。在孩子长大后开展跑步、跳远、躲避球等需要多种技能并用的运动时很有帮助。

欢乐又全面的运动
在公园的组合游戏

根据孩子的体力和能力制定适合他们的运动方案。

⑥ 大型固定游戏设施

　移动类　　平衡类

（调节能力·平衡能力·速度）

　　给公园的游戏设施排列组合，制订运动计划。根据订好的计划，平常不太玩的设施也可以得到充分利用。此外还能培养孩子为了实现目标努力奋斗的精神。全面计划可以锻炼四种运动技巧的场景，使它们均衡分布于公园游戏的起点和终点之间。

⑤ 跑跳步

　移动类

（节奏感·爆发力）

④ 单杠倒挂

　原地运动

（肌肉力量·耐力）

小伤不断，大伤不见

我小时候有一次想摘树上的柿子，就爬上了枝条。

结果树枝突然断裂，我摔了个大屁墩儿，膝盖擦伤还被扎了很多刺，留下了痛苦的回忆。从那之后我便知道柿子树的树枝很容易折断，爬上去会遇到危险。

对疼痛的认识也就是对界限和危险的了解。小孩子之间的打架也是一样，只有自己切实感受到了疼痛，才能体会对方的疼痛。

曾经看到有个孩子用毫不在意的语气对他人说："我用棒球棍打了朋友，把他的手腕打断了。"这件事让我感到非常惊讶。

现在孩子们的世界中，"危险物品"几乎看不见了。即使放任孩子自己玩儿，只要出现一点危险苗头，大人们就会立刻叫停，不是吗？

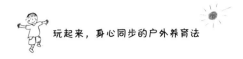

这难道不是在剥夺孩子们学习自我判断的机会吗？孩子们失去了判断行为是否危险与建立自身安全意识的缓冲带。

对小孩子来说，尤其需要学习。

掌握与人交往的方式、安全使用物品的方式等，都是非常好的经验。越是小伤不断的孩子，自我保护能力越强，结果反而可以避免发生严重的事故。

家长不妨有意识地避免帮孩子预见后果。我觉得家长可以向后退一步留出空间给孩子，让他们自己思索怎么做，家长只要在旁守护即可。

家长只要密切观察，同时判断需要叫停的时机便可。基于孩子的运动能力和性格来判断给孩子多大的自由度，如此反复几次，家长对孩子界限的判断能力也会更加准确。

人是一种如果被过度保护便会变得脆弱的生物。家长的职责不仅仅是"保护"而已。让孩子掌握如何战胜危机、独立生活的能力，更是对他们的一种磨砺。给孩子营造安全的游戏环境自然是需要的，但将所有的危险因素都屏蔽殆尽，其实对孩子没什么好处。

小孩子打架（打闹）也未尝不可。打架是孩子的"勋章"，通过受伤了解疼痛并战胜痛苦是对成长大有益处的，各位家长一定也明白这个道理吧。

想必您小的时候也会有一两次打架的经历吧，并且通过那样的经历认识到"什么是有危险的"。

正因为有危险的存在，才更需要学习，需要让自己变强大。

生活中重要的事情，
大多是从朋友身上学到的

也许是受到了城市化和少子化的影响吧，现在基本见不到"孩子王"了。而在我小的时候，"孩子王"绝对是随处可见的。

不同年龄的孩子们凑在一起玩耍，"孩子王"便负责给小不点立规矩、给他们示范等。虽然感觉有点儿凶，但又会关照人，这便是我说的"孩子王"。

有很多人认为运动技能不用刻意培养，可以自然而然地掌握，这种想法是错误。

过去在家附近玩儿，可以模仿着"孩子王"或者哥哥姐姐们的样子学习，也可以请他们教自己，但现在孩子们的身边并没有这样的环境。

那孩子们要跟谁学呢？

正因如此才更需要户外活动。在公园里很多不同年龄的孩子在一起玩耍,通过这样的环境自然而然地便可以交到朋友,一起玩耍和学习。

当然这样的角色大人也能承担。但由大人来做示范,总感觉少了一些说服力。成人和儿童对游戏的感受是有天壤之别的。对孩子来说,比起大人,来自小伙伴的示范才是他们更感兴趣的。

不光让孩子在亲子互动中学习,让他们与小伙伴们边玩边成长才是更加意义深远的。

遵守秩序、遵守规则、替他人考虑、表达自己的意见或保留自己的意见等,这些社会生活中所需的重要规则,只有在集体中才能学到。

比起让孩子自己在家玩,不如带他们走出家门和朋友们一起玩。时而吵架,时而懊恼,时而失落,在这样的过程中逐渐养成孩子的人性和社会性。

另外,一起玩的朋友可以不要局限于总是同一拨人,要多带孩子参加各种社会团体，与各种各样的人交流。与越多的人产生交集，便能拥有越多的经验。

我小时候特别希望可以加入比我年长一点的哥哥的小群体中，印象里我甚至为了实现这个目标，拼命练习对我来说很困难的事情。也会有小孩因为不想被伙伴们当成"笨蛋"，所以就躲起来秘密训练的。

这种因为跟他人关联而生出的念头，对掌握运动技能也起到了推波助澜的效果。通过这种方式掌握了新能力后所感受到的喜悦感也是无可比拟的。

交流想法，养育心灵——

交朋友的游戏

很多游戏诞生于小孩子们的相处之中，通过游戏可以学习到各种事情。

过家家

过家家游戏是孩子们各自扮演某个角色，利用大自然中的石头、树叶等，假装食物或其他物品。经由各种各样的场景扮演，发展创造力和社会性。

捕捉昆虫

为了捕捉昆虫齐心合力实现目标的游戏，和小伙伴们为了一个目标一起努力，共同分享成功的喜悦感和满足感。同时还可以提升孩子对大自然的观察能力，加深他们对昆虫的生态和种类的了解与兴趣。

玩沙子

可以自由塑形的沙子对孩子来说是最棒的玩具。不光可以提高创造力，在和朋友的意见发生分歧的时候，还能培养听取他人意见、共同解决问题的能力。

假想的危急状态可以刺激孩子的大脑,提升自主神经的功能

孩子们都爱玩的"狼抓羊"(抓人)就是很好的游戏。这个游戏可以让孩子们在安全的环境中体验假想的紧急状况。

孩子们兴奋地拼命躲避小伙伴的追逐：危险，险些被抓住！该往哪边跑呢？他们急促地喘息奔跑、心跳加速。

这种兴奋可以给大脑（前额叶）带来刺激。而和兴奋密不可分、相辅相成的情感便是克制。通过游戏经历情绪的起伏，可以很好地锻炼孩子的自制力。

孩子们通过游戏可以体验到团队协作以及逃脱后的兴奋感，也会品尝到被抓到后的失败感。在这种假想的紧急状况下，孩子们体验到了拼命逃跑，感受到了成功和失败的情绪。可以说大脑借此获得了前所未有的丰富体验。

比如，体会兴奋过头后的失控举动，经历因为过于克制而无法在朋友面前表达自己的想法，品尝人际交往的挫败感。我们的大脑正是因为受到各种各样的激发后，从而使我们得以成长为拥有同理心和预见性的人。

这样的情绪只能在与人交往中获得。而小孩子的人际关系，无非是依托着游戏而带来的沟通和交流。

但是现在的孩子们一没有游戏"空间"（场所），二没有一起玩的"伙伴"（注：日语写作仲间），三没有玩耍的"时间"。这三个"间"都得不到满足。我称这种现象为"间或不足现象"。

持续缺乏这三个要素的话，像对"狼抓羊"游戏这样的体验就会越来越少。缺乏足够心灵成长的孩子长大后便成了充满孩子气的巨婴，出现无法调节兴奋程度或过度压抑自己的情绪、无法掌控情绪的状况。

缺乏对自己情感的控制力，无法很好地和人交流，不擅长为将来筹划……这些成人的样子就和曾经易怒浮躁的孩子们一样。而这都是因为他们的内心体验不足。

人在将要从树上掉下的紧要瞬间会电光火石般地思考对策。玩躲避球时场上仅剩自己一个人,会紧张得心跳加速。当然我们首先应该保证孩子们的游戏安全,所以从省事儿的角度来看,抓人游戏是最合适不过的。

我所指的在游戏中通过和朋友的交往促进心灵成长,便是这个意思了。这也是孩子们格外喜欢玩"狼抓羊"游戏的原因吧。

请给孩子们一些增加紧张感的游戏吧!

> **创造假想的危急状态!**
>
> # 狼抓羊等游戏
>
> 在游戏中和小伙伴们一起尽情地奔跑,给身心适度的刺激。

冰冻解冻

小朋友们分成两拨,一拨追人,一拨被追。被追到后碰到身体的话便被"冰冻"住,而被自己同一拨的伙伴碰到后则可以"解冻",重获生命。通过"救人"和"被救"的体验可以培养孩子们的同理心。

踩影子

选出一位踩影子的人,其他被踩到影子的人就自动变为踩影子一拨的。可以选择将自己的影子隐藏起来(躲在树荫或建筑物的阴影中),这样便无法被抓到。踩影子的人则在外面数数,在数完规定的数字前,躲着的人必须离开树荫等遮蔽影子的地方。

抓尾巴

将当作尾巴的绳子(纸胶带或毛巾等)塞在衣服后面,互相抓对方的尾巴。抓到别人的尾巴后便也将其别在自己腰间,谁得到的尾巴最多,谁便是冠军。被拽掉尾巴的人也可以一直参与游戏。

玩耍越多，
孩子的内心越沉稳

我发现了一个不可思议的现象：总是挥汗如雨、玩得畅快淋漓的孩子，内心反而更沉着。想必成年人也会有这样的感受：运动过后不管是心灵还是身体都感到非常畅快。

运动可以使体温升高、血液循环更加顺畅，有利于向身体输送营养物质，给大脑提供更多的氧气。由此能产生所谓的放松效果。所以流汗才会让人感到畅快、放松。

活动身体的同时也是对心灵的释放。让孩子们尽情活动，可以释放他们日常的不安、愤怒、害怕、不满等情绪，可谓是既安全又有效的放松方式。

我曾针对患有生理或心理疾病的孩子们的运动状况开展过研究。我发现他们中的大多数由于监护者的担心，受到非常严格的活动规定的制约，运动受到限制，很多人都处于集体活动匮乏的状态。而让他们充分运动后再

观察则会发现，大多数孩子们的情绪都恢复到了正常状态。

对于患有多动症、一刻不消停的幼儿，若硬要压抑其活动反而会加重多动的症状。本应发散出去的精力未能发散掉，常常会对孩子的情绪产生负面的影响。通过运动将孩子多余精力消耗掉，有利于身心健康。

运动可以促进情感成长，情感成长又会反过来改变运动的内容。玩得越多内心便越丰富沉着，这便是运动和内心相辅相成的关系。一旦涉及心理问题，我们总会像对待身体的肿块一样小心翼翼的。其实不需要考虑得太复杂，不必忧心儿童心理问题，只需要让他快乐地、尽情地、淋漓尽致地玩耍，这便是最佳的解决方案。

请跟孩子们玩玩相扑或者摔跤这类游戏。在孩子专注而闪闪发光的视线中挥洒着汗水，一次又一次地对抗。这个游戏会给孩子的大脑带来非常好的体验。

大人也许会觉得作为孩子的玩耍对象会很疲劳、很麻烦，但如果您知道对孩子来说这将是多么丰富的体验，您一定不会那样想了。

所以大人不妨也投入一些热情，将孩子"摔"出去，享受游戏的乐趣吧。

孩子大多有
"回避自己不擅长事情"的倾向

很多成年人认为小孩子天生好奇心旺盛，富于挑战精神。然而，对于孩子来说，面对失败、挑战新事物同样也是需要勇气的。伴随着成长的脚步，一方面孩子们蹦蹦跳跳地越来越自信，但另一方面，他们还没有灵活到可以随意地掌控身体。

若是在童年期自认为不擅长运动，长大成人后也大概率不擅长运动。成长的过程也是伴随着跌倒和失败的过程。正因为深知这点，家长更应该关注孩子的"挫败感"，用语言去鼓励他们，用态度去鞭策他们。

假如您面对的是一个很讨厌运动的孩子，要怎么鼓励他呢？

在孩子年幼的时候，会受到"回避自己不擅长的事情"想法的影响，总会重复做自己已经学会的事情。而当同一件事情越做越擅长，家长可以顺势鼓励孩子挑战更高

的难度。当孩子感受到自己的动作有了质的飞跃时,他们的热情便会被激发。我认为比起培养别的技能,培养孩子对运动的热情应该是最优先的。

再假设您面对的是一个运动能力很高的孩子,又该如何引导他们面对"受挫感"呢?

乍一看好像没什么问题,但如果仔细观察这个孩子,会发现他对自己擅长以外的事物都抱有回避的意识。只对某些运动有所侧重,事实上则是缺乏自信。如果单纯地给他们贴上"出色的孩子""做得很好"这样的标签,便会忽略他们受挫的时候。

战胜"受挫感"最有效的方式便是快乐。无关胜败、不在意成绩、不去想做得好还是做得差,只单纯地考虑怎么折腾才开心。但凡是个孩子,都会对感到开心的事情投入无限的热情。

另外,很重要的一点便是家长的鼓励。"没关系、可以的",这些鼓励的话语自不必提,如果时间允许的话我更希望家长尽可能地陪孩子一起练习。此外对孩子的努力不遗余力地赞赏也是很关键的。被家长的鼓励和鞭策包围，孩子心中升起的逃避意识和自卑感也会消散得无影无踪。激励也有助于培养他们的自我认同感，战胜"挫败感"。

别的孩子会的事情自己不会，对孩子来说是很痛苦的事情，而羞愧和痛苦的念头会伴随他们很久。但只要他们克服了"挫败感"，便能收获极大的自信，对今后人生中的各种挫折也能拥有直面的勇气和力量。

请关注孩子的内心，相信孩子的力量，给予他们充分的激励吧。

充分玩耍的孩子更可能成为有创造力的成年人

孩子转瞬便会长大成人，社会需要他们具备很多的能力。

家长大都不知道这些能力当中的大部分都可以从儿时的游戏中获得。例如策划能力、交涉能力、想象力、理解能力、认知能力、思考能力……不胜枚举。

首先孩子可以通过游戏来分辨自己与外界的区别。

通过分辨和自己接触的人不同的态度，认识事物的特性和学习对待方式。学会正确认知事物、分辨事物的能力等，这些通过游戏掌握的基础能力对将来学习文化知识是不可或缺的。

认知能力再发展便是假设或想象力，可以使用各种物品当作道具，丰富游戏的内容。

大石头可以当作鞍马，也可以当作跳台，有时也可以把它想象成一匹马。想象力便是创造力，通过想象可以使游戏的内容不断进化。

像这样选择物品并想象加工的过程，就是不断思考的过程。同时对孩子认识物品的形状大小、颜色构造，甚至进一步学习物品所包含的内涵等也有帮助，用法和玩法可以随意发挥想象力。

对儿童认知能力的开发而言，非常重要的一环便是让他们可以按照自己的意识，自由地对环境或事物展开探索、调查和尝试。

如果大人可以有意识地关注这个进程并且稍微加以引导，教给他们事物的特性、安全的使用方式等就最好不过了。在不妨碍孩子自由探索的前提下，我们可以给他们提供很多协助。

在游戏中也能体会到他们将来会多次经历的成功和失败的感受。

和其他孩子一起玩耍自然而然地就会养成集体意识。通过互相模仿学习，运动的经验值也会增加。

孩子们在一起也有需要遵守的规则，他们由此可以学会调整各自的欲望去配合他人。游戏中到处是可学的哲理。通过游戏的方式让孩子在童年期掌握这些能力，是最自然也最有效的方式。

在我接触过的很多学生中，想法有趣，爱问"为什么"，并且能自己找出答案的孩子，基本都是在童年期尽情地玩耍，有许多游戏经验的孩子。

我想，也许童年期的玩耍经验是和智力的发育有关联的。这是我和许多学生一起开展各种研究的时候所切身体会到的。

> 花些功夫拓宽游戏范畴！
> # 借助玩具的运动类游戏
> 借助玩具可以大大丰富游戏内容，请从身边的玩具开始尝试吧！

球

球正是身边最常见且最容易使用的玩具。可以由易到难、循序渐进，随着孩子的成长不断增加难度。大家可以多多尝试不同的玩法。

● 起重机

在坐姿状态用双脚夹住球，在保持球不掉落的前提下，上下移动双脚。如果两个人相对共同运球的话，还要注意速度一致，当然也可以比赛。

● 袋鼠跳

用双腿夹球，保持球不掉下，跳着行进。

● 顶球

将球置于头顶，双手放开球，并做拍手的动作，感觉球快掉了立刻停止拍手去扶球。比赛看谁拍手的次数多。

● 过球

用身体摆出可以让球通过的通路。可以四肢着地,也可以维持站立姿势,当球过来时叉开双腿让球通过,可以变换姿势玩耍。

● 停球

一个人滚球,另一个人用双手或单脚、臀部等部位停住球。可以使用不同大小的球或者改变扔球的速度,以获得不同的体验。

● 咕噜咕噜投球

在纸箱上面画一个靶子,从距离纸箱一米的位置瞄准靶子投球,或者将球扔入箱内。熟练后可以慢慢拉开距离。

绳子

与绳子相关的，基本上是基于"跳绳"和"抡绳"两个动作的游戏。为了让孩子可以经常做新的挑战，大人给孩子示范是最好的。请和孩子一起多番尝试。

● **走绳子**

将绳子随意地放在地上，在绳上行走。与小伙伴一起玩的时候，还可以在双方碰到时就猜拳定胜负，胜利的一方继续前进，输了的一方就退出。

● **跳蛇**

将绳子像蛇一样左右摇晃，或者像波浪一般上下摇晃。孩子跳过绳子，而不要碰触到绳子。

● **大浪·小浪**

将跳绳左右摇晃造出大波浪和小波浪。一开始缓慢地晃动,碰到孩子的脚就停下绳子,孩子用双脚一起跳过去。

单手握绳转

● **跳绳练习**

跳绳的难点是"抡绳子"和"起跳"要同时进行,时机的配合很重要。一个很好的练习方法是将"抡绳子"和"起跳"分开练习。尤为重要的是对手腕运动方式的训练。在此我们介绍几个练习方法。反复训练便可以熟练地抡动跳绳了。

边跑边抡

在地下转圈

身欲动,心先动

我小时候特别喜欢抓知了，这其实是有原因的。

有一次我和父亲去捕知了，但是把捕虫网拿出来一看，网上破了一个大洞。我刚想着"这下用不了了"，父亲却对我说："去拿把剪刀来。"

我想他可能是要给我换一个新的网子吧，便去取来了剪刀。但他却咔嚓咔嚓地把网整个剪掉了。看着光秃秃的圆圈我心中不由得纳闷："这是搞什么呢？"父亲却说道："走，找蜘蛛网去。"就这样，我们用这个圆圈接连粘了好几个蜘蛛网……哇，原来蜘蛛网就是天然的捕虫网啊！

而且用这个捕虫网捕获的知了被蜘蛛丝紧紧地粘住，知了无法用力挣扎，翅膀自然也不会受伤，可以采集到完整的知了标本。从那个时候开始，我便对捕知了产生了极大的热情。

在跟父亲一起玩的记忆中,还有另一件让我念念不忘的事情。

有一次为了抓鱼,我在田边的一条小河里放上了渔网,奋力将鱼都往渔网的方向赶。但是鱼儿都不听我的,我无法将它们赶进我的网里面。

此时父亲对我说:"你沿着田埂向上游方向走,踩出脚步声地向上走。"抱着探究的心态,我这样尝试了一下,结果我刚离开渔网向上走,鱼儿就朝着渔网的方向游去了。

鱼儿有朝着没人的方向游动的习性,而父亲便是利用这一点想出了那样的法子。我的心中充满了惊讶与感动,那之后我对抓鱼也痴迷了起来。

仅仅口头对孩子说"去活动活动""出去玩会儿",孩子是不会动的。但如果让他们拥有在玩耍中被感动的体验,他们就会自然而然地想出门了。

我们是否只关注到教授孩子、督促孩子,并没有对让孩子心动这事儿上心呢？连学校的老师也是更关注技巧的指导和传授游戏方法本身。

不光是在大自然当中，其实游戏与运动带来的感动是随处可见的。能从身边发掘出细微感动的孩子会反复玩耍，还会为了寻找新的感动而开始新的活动。

我来告诉大家一个被运动打动的捷径吧，那便是"冠军体验"。

例如大伙儿一起玩儿，一定有人跑步快，有人心细，有人脑筋快，有人爱助人等。用心对每个人的长处夸赞"真棒啊"，让他们体会当第一的感觉。

成为第一名所带来的感动和成就感会让孩子们的内心为之一动，也就激发了他们让身体动起来的原动力。

限制过多，
孩子会感到不自在

能让孩子们自由撒欢的地方太少了。

虽然小区里肯定有小公园,但不是必须保持安静,就是不让挖土,不让爬树,不能玩球……有各种各样的限制。

这些限制一方面是为了维护公共环境,另一方也是为了保护游玩者的人身安全。但是限制过多的场所对孩子来说并不是理想的环境。

其实孩子们玩耍的场地不需要什么特殊配置,或者不如说什么都不需要。只要对孩子来说是自由的空间便可。他们需要的仅是能让他们自由发挥,无论什么都能变废为宝、化腐朽为神奇的场所而已。

我孩童时期常常在路边或者房屋中间的小胡同里玩。如果游戏需要道具的话,立刻就能回家去取过来。玩腻

了跳房子就玩拍洋画，玩腻了拍洋画就玩踢罐子，可以任意更换。在地上画画、挖土玩儿泥巴，都是让孩子们很开心的游戏。

虽然出远门玩可以带来许多快乐的回忆，但出远门时开展的游戏方式基本上是固定的。然而在自己家边上的小胡同玩耍，却能让孩子们自由发挥，各种灵光一现、突发奇想的点子都能立刻展开，孩子们可以随时变换和升级游戏内容。这种才是更让孩子们感到开心的方式。

对家长来说，孩子在近处玩耍会更放心一些。既能确保孩子的安全，又能在需要休息的时候立刻给他们补给。

孩子小的时候，活动和休息之间的周期间隔很短。对于注意力难以集中的幼儿更是如此。正因如此，在自家附近既能方便又高效地玩耍，还能体会与室内游戏不同的畅快、悠然的感觉。

可以说，在家附近玩耍的优势对孩子和家长都很多。

而随着孩子年龄的增长，出游的地方会越来越远，时间也会逐步拉长。届时家长便会感叹孩子的成长之迅速吧。

和从前相比，能让孩子们自由玩耍的场所大幅减少了。但我却经常能见到聚在公寓门口或者在楼梯上玩耍的孩子们。我想这便是儿童与生俱来的能力：在限定的条件下也能找到可以让他们玩儿的地方。

当自己想出来的游戏得以顺利开展时，孩子们会高兴得忘乎所以。这种欣喜若狂的时刻，对孩子来说是最能感到舒畅、最利于成长的时刻。

所以请尽可能地给他们提供自由玩耍的场所，而对于他们自己发现的游乐场，也请尽可能地替他们守护住。

保证孩子安全是家长的职责

儿童的行动是无法预测的。他们自然也无法像大人一样，针对所处的环境去判断什么事情不能做。可以说越小的孩子越没有危险意识。

为了让孩子健康地成长，避免发生严重的危险，大人就需要对他们的游戏场所进行排查并告知孩子安全游戏的建议。大人的指导是不可或缺的。

这并不是让您给孩子排除一切危险要素。让孩子可以无惧伤害地自由玩耍，同时可以锻炼他们自己的是非判断能力。为了提高他们规避危险的安全意识，家长可以给他们一些良性的干涉。

大人需要做的事情非常简单。首先，在孩子玩耍前要检查游戏器材是否摇晃、松动或者被腐蚀，有没有破损，地面有没有碎玻璃等危险物品。其次，告知孩子安全的游戏方式、不可以做的行为等。

这样做并不算是限制孩子，顶多算是和孩子定下规矩。家长需要告知孩子为什么（那样做）危险，以及不希望他们违反规定。如此孩子自己也会边思索边玩耍：这样做会怎么样？这个还在许可范围吧？等等。

不是因为有危险所以不许玩儿，而是因为（这样做）有危险所以要在遵守约定的前提下玩耍。如此反复积累，孩子的安全意识便可以得到提升。

另外，对于孩子服装上的隐患和身体状态的隐患也要一并扫清。

很多家长为了让孩子的衣服可以穿得久一点，会买大一号的衣服。但如果限制了孩子的行动反而会有危险。

因为兜帽或者绳子被挂住而引发的事故也不可轻视。还有鞋子也要选择合脚的，并且一定让孩子穿袜子。

穿鞋子的要点是：不要看脚尖而是应该看脚后跟是否合适。将脚穿入鞋中，脚后跟和鞋后跟基本贴合即可。鞋带要是方便、可系紧的款式。便于活动、便于穿脱，这两点便是给孩子挑选适合的运动鞋的方法。

我所说的都是一些理所当然的事情。但正因为太常见，容易被忽略。

之所以能让孩子们安心地肆意玩耍，正是因为大人替他们创造了安全的环境。请各位要一直保持这样的状态。

帮孩子规避风险

在公园里安全游玩的方法

让我们来复习一下畅游公园的约定吧

着装

尽量穿利于活动的服装。玩耍前大人请认真检查,不要让孩子穿过紧的或容易被勾住的衣服。

上衣前襟不要敞开着

鞋带要系紧,避免散开

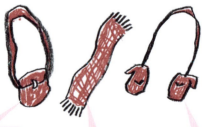

把背包放下

玩耍前要摘掉围巾

不戴挂脖款的手套

游戏器材

即便是安全的游戏器材,使用方法不当也会造成事故。对于第一次玩的器材,家长要提前确认并告知孩子操作方式,以下事项尤其需要向孩子传达:

不要从高处往下扔东西

不要在器材上系绳子

器材湿滑的时候不能玩

不要跳下来

坏掉的器材不可使用,需要告诉大人器材坏了

像品味时令美食一样体验不同季节特有的游玩方式

过去只能在初夏时节吃到的草莓,现在一年到头随时都可以吃到。过去炎热的夏天才可以游泳,现在有加温泳池,寒冬也能游泳。食物也好、游玩也好,从前那种四季分明的感觉越来越少了。

我们有很多点子都是随着变化而萌生出来的,然而现如今这样的机会正在逐步减少。空调带来了四季如春,体感温度也没什么变化了。现在的环境无论是对思维还是对身体而言,都是缺乏改变与刺激的。这些当然也会很大程度地影响到孩子的健康生活。

难得我们居住的日本是个四季分明的国家,最好让孩子们更多地感受到各个季节特有的游玩项目。

比如,秋天在缤纷的落叶中寻找与众不同的叶子,冬天踩在地表凝结出的霜上,还可以寻找路面结冰的地方。冬天不用担心中暑,可以不遗余力地奔跑。夏季耀

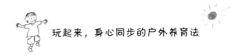

眼的太阳在冬季也会变得和煦而温暖。

下雪时可以玩雪。千万不要因为天寒地冻就宅在屋里，正因为冷才更要去探索和实践好玩的游戏。所有应季的游戏都离不开智慧，创造力通过游戏得到了培养。

此外，切身感受严寒和酷暑不光可以锻炼身体，还可以提升体温调节能力，锻炼自律神经，提高免疫力和适应力。

炎热的夏季会大量出汗。人体通过汗腺来缓解炎热、调节体温。在寒冷的冬天，我们的身体为了维持体温会持续发热。所以，让身体经历温差便可以强化身体机能。

担心染上疾病而不出门，反而会因为一直在室内而造成免疫力低下。夏天如果担心孩子中暑或者起痱了，则可以通过相应的对策来预防。

稍微花点心思，无论是冬天还是夏天的户外活动都可以很丰富。对于大人来说，可能还是室内游戏更轻松一些。然而大人的轻松和孩子的快乐大多是成反比的。

应季的户外活动可以强健体魄、给心灵带来冲击,同时也是让孩子切实感受到大自然恩赐的机会。在当下季节感不断弱化的大环境下,孩子们还能像我们一样对大自然抱有敬畏之心和感恩之心吗?孩子们是否充分体会到了不同季节的特点,直接影响到他们将来能否成长为懂得感恩自然的成年人。品味不同季节的特色美食,精力充沛地开展应季的游玩活动,我认为这是非常珍贵的体验。

充分刺激五感

在自然中游戏
（春·夏）

用肌肤感受季节的变化，开展应季的游戏吧。

● 滑草

坐在瓦楞纸板上从草地的斜坡上滑下去。如果用滑雪用的雪橇，则可以双人同时乘坐滑下来。

● 爬树

这项运动可以充分地调动全身，还可以激发孩子的挑战意识，提升思考能力，并能让他体会成功后的喜悦。

● 散步

欣赏四季各不相同的景致，把各自的发现与对方分享，享受悠闲的亲子时光。

在自然环境优美的公园里游玩

在动植物纷纷展露生机的春天的公园游玩，会有许多的发现。建议家长不要因为好不容易来一趟，便什么都要体验。最好是观察孩子，看看他究竟对什么感兴趣，然后让他可以沉下心慢慢研究。

玩水

夏天玩水的机会大大增加。为了保证玩耍过程的安全，并玩得尽兴，可以给孩子一点适应时间，先让孩子在水中站立一会儿或者坐一会儿，习惯水波后再开始玩。

● **模仿动物行走**

在泳池浅水区模仿小动物，比如模仿螃蟹、小狗、鳄鱼的模样行走，习惯后可以把脸也埋进水里。

● **往桶里装水**

家长手持水桶站在浅水处，孩子用手鞠水往桶里盛。

● **火箭跳**

家长与孩子面对面拉着手，说完："火箭发射！3、2、1、发射！"便向上高高跃起。家长尽量帮助孩子在浅水区跳得更高一些，双手握住孩子的手直到他们双脚着地溅起很多水花。

玩雪

玩雪的时候伴随着周围气温的升高,手套和衣服很容易被打湿导致孩子受凉。故而可以给孩子在手套外面再套一个一次性塑料手套,在防寒外套的外面再加上一件雨衣,做好十足的防护后,就可以充分享受玩雪的乐趣了!

● **滑雪**

从被踩踏紧实的雪坡上,什么道具都不用,就靠衣服也能滑下来。如果利用纸箱的瓦楞纸或者塑料布当作雪橇的话,速度感则更佳。为了安全起见,爬坡上行的通道和滑道需要分开设置。

● **雪雕**

用雪堆雪人,做雪椅子,做小动物等。还可以演变为过家家游戏。

● **雪地印记**

在雪地上印出各种各样的形状。如果去山林里,也许还能见到栖息在林间的动物们的足迹呢。

> **充分刺激五感**
> # 在自然中游戏（秋·冬）
> 有很多体验只能在特定的场所，特定的时间才能开展。家长也可以唤醒童心，和孩子一起乐在其中。

爬山

爬山不算是生活中常规的体验。即便是沿着山道攀爬，也不一定是一马平川的。爬山伴随着危险，充满了各种各样的运动体验，这项活动既能增强体能又能促进内心的成长。

● 陡坡急升速降

面对陡坡或者岩壁这种容易滑落的坡面，不要推着孩子的臀部往上爬，而是应当将大人的脚置于孩子附近的位置，创造让孩子自己向上攀爬的条件。

● 找橡果子

孩子们都非常喜欢发现和拾起掉在地上的东西。可以展开寻找橡树果子的比赛，比赛内容可以是比种类、比大小或者比数量。

如同无法"攒觉"一样,运动也无法"储蓄"

如果您存在"反正周末可以充分运动,平时就算了吧"这样的想法,很遗憾,这仅仅是您的一厢情愿。如同攒觉是毫无意义的一样,运动也同样是要靠一次次的积累方可拥有显著效果。

我们提倡运动的原因并不单单是为了提高体能,同时也是为了提升自主神经的机能。运动可以提升我们身体的机能,比如体温调节能力等。我们的身体是在全年无休地运转着。如果平时每天都不运动,到了周末却突然来了一次剧烈运动,身体会将之判断为异常状态。要想使我们的自主神经功能正常而稳定,最关键的是要规律。之前有一个叫作"3033运动"的提倡,指的便是"每次30分钟,每周3次,坚持3个月"。对于平常运动不足却突然要开始运动的人来说,一下子可能会不清楚该做什么运动,每次运动多久。这就是给运动不足的人提出的清晰又明确的目标,该提案同时要求大家一旦开

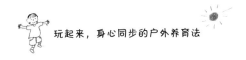

始执行就要坚持下去。

每日30分钟的运动可以分成3次，每次10分钟。每天太阳升起的白天是我们的交感神经处于主导地位的时段，在此期间需要充分地运动身体。而每周三次的运动，比起周一到周三连续运动三天，接下来休息四天的方式，每周一、三、五运动，练一天休一天的运动安排更佳。如此坚持三个月，身体的体温调节能力便会提高，自主神经也可以获得改善。良好的身体状况还可以带来振奋的精神状态。

当然也可以根据自己的承受能力开展身体力行的尝试，但是一天只运动10分钟无法给自主神经带来任何积极的影响。只坚持一个月也不要太期待结果。与其努力让自己沉浸在运动中，不如把运动当作生活的一部分来享受。即便对于成年人来说，坚持自己不喜欢的事情也是很困难的。

如果只是一味地命令孩子多去户外玩一玩，多活动活动身体，是不能让他行动起来的。儿童是只要感受到快乐就会行动的生物。家长身兼统筹安排孩子生活的职责，如果能知道我们为什么要多活动身体，运动量多少合适，就可以自然而然地将户外活动和孩子的快乐结合起来了。

"3033"这个数字并非绝对的要求。您只要在大脑的一个角落记下关于自主神经和"3033"这个数字，有个大概的印象即可。依靠这个认识，就可以实现不知不觉增加运动时间的效果。

伴随着现代空前便捷的生活，孩子们的自主神经却越来越紊乱。白天不动窝，晚上不睡觉，对严寒和酷暑没感觉……我们不禁哑然：这是怎么了？其实越是处在舒适的环境下，越容易引发这种状况，我们要早些从舒适的温柔陷阱中警醒。改善僵化及紊乱的自主神经主要靠运动，这个危及孩子未来的重大问题，其实仅靠运动便能得以解决。

身体不用便会生锈，
这对大人来说也同样适用

虽然本书一直在讲儿童运动，但归根结底还是在讲人类的身体，所以很多观点也同样适用于成人。运动和儿童的发育息息相关，所以显得更重要。但是成年人因为运动不足导致的体力匮乏，也同样成为了当今社会的问题之一。我们的身体越荒废越衰弱，说得直白一些就是会越快老化。长此以往，人类身体衰老的速度会加剧。

来吧，营养品、化妆品、驻颜训练，各种抗衰手法不一而足。然而对抗衰老最有效的方法还是调整自主神经。这点对儿童来说也一样。

自主神经调节有规律，身体便能充分分泌褪黑素、生长激素，促进细胞的修复和再生，甚至有恢复青春的效果。

另外，如果作为身体指挥部的大脑和自主神经运作良好，身体各方面的机能都会得以改善，日常的不适和

压力也会得到调节,身体将转为良性循环。运动对儿童的成长来说是不可或缺的,而对成人来说则是抗衰老的良药。

所以家长也一起多多参与户外活动和运动吧。身体力行地给对运动没有兴趣的孩子们看看你们乐在其中的身影。

一起运动、互相评价、思考研究、想出新的游戏……家长也投入其中,孩子肯定会想要模仿。这样一起玩耍的时光会帮助孩子迅速地成长,家长也会更加健康不易得病。

我坚信户外活动拥有可以改变家长和孩子未来的力量。

无论对孩子还是对家长来说,还有一个必须锻炼身体的理由。那便是抵御灾难的能力。近些年的天灾人祸感觉增加了不少。

真到了危急时刻,我们的体力是否可以支撑我们逃出生天呢？孩子能靠自己的力量走到避难所吗？大人是否可以保护孩子，为他们撑起灾后充满未知的生活呢？

我们的体能是维系性命的根本。如今我们生活在一个倍感舒适的时代，但这种舒适也同时在渐渐摧毁着我们的体能。当今时代，我们随时有可能被卷入未知的灾难和危险之中。

虽然我们日常的生活看起来似乎离那些生死存亡、命悬一线的场景非常遥远，但是我们需要对自身生存能力的退化和延续能力的匮乏有着清晰地认识。

所以还是要多多锻炼身体，和孩子一起去户外，陪他们一起玩耍，家长和孩子共同提高体能。

借着陪伴孩子成长和游戏的机缘，我们也能获得宝贵的时间，来探究对我们来说重要的事情、正确的事情。我觉得没有比这更棒的了。

亲肤育儿的同时提升运动能力

亲子运动

通过游戏增加亲子抚触，熟练后可以挑战更强的负荷。

跳和钻

家长坐着让孩子从自己腿上跳过，然后撑起身体让孩子从身下钻过去。约定好次数，然后开始游戏。

适应之后

钻过双腿下方

家长抬起两条腿身体呈V字状，孩子从腿下面钻过去。

小推车

家长站立抓住孩子双脚脚踝，让孩子用手行进。这项力量运动可以锻炼孩子的腹肌、背肌、腕力。放低孩子的双脚则可以行进得更轻松。

适应之后

倒立机器人

让孩子倒立，双手撑于家长的双脚上。家长手握孩子的脚腕，提着孩子一起行走。

打屁股

家长和孩子手牵手,用另一只手互相拍对方的屁股,同时注意躲避,避免自己的屁股被对方打到。如果握着毛巾两端玩这个游戏的话则活动范围更大

猜拳踩脚

家长与孩子面对面,双手握住对方的手,边说"石头剪刀布"边用脚来猜拳。双手不要松开,猜拳胜的一方立刻踩输的一方的脚。输的一方则立刻躲避,避免被踩到。

适应之后

双脚并拢,石头

双脚张开,布

前后打开,剪刀

推倒雅罗鱼

家长仰躺,双腿向上垂直,双臂打开摊在地面上,支撑住双腿直立。孩子用力推拉家长双腿(假装雅罗鱼),将腿推倒。

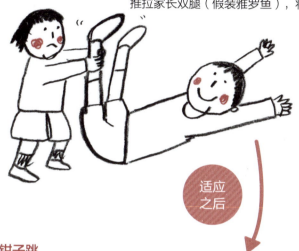

适应之后

钳子跳

家长双腿并拢坐着,孩子跨站在家长腿上。大人张开双腿,孩子同时蹦起来,双腿并拢落于家长双腿中间。重复上面的动作,掌握好节奏。

改善生活节奏的小窍门

在本书中我们探讨了许多话题：儿童运动和户外活动、心灵的成长、自主神经的功效……现在让我们来总结一下本书想要传达给诸位的观点吧。

调整儿童的生活节奏非常重要。为了达到这个目的，户外活动是行之有效的方法。

家长经常把孩子生活不规律的各种问题当作一个单独的问题来解决，这样往往成效不佳。就算把就寝时间从晚上10点提前到了8点，孩子还是睡不着。不习惯吃早餐的孩子也无法突然养成吃早餐的习惯。我还是建议您充分运用户外活动这个妙方，以此为中心逐步引导孩子养成早睡早起的习惯，形成良性循环。为了便于大家活用，我分别将早睡、早起和游戏的技巧整理如下。

早睡的窍门

- 白天充分地进行户外活动，消耗多余精力，让孩子略感疲惫
- 晚上不要带孩子出门
- 早些结束晚饭及沐浴
- 形成稳定的入睡规律（读绘本、亲子交谈等）
- 约定好就寝时间，早早地关掉电视
- 睡前避免光刺激：不使用电视、电脑、手机、游戏机等
- 家长也要制定自己的就寝规律，给孩子做表率
- 睡前不要吃夜宵
- 睡前不做剧烈运动
- 拉窗帘，调暗灯光，传达"到了睡觉时间"的讯号

早起的窍门

- 使用薄款窗帘，让晨光得以照射进房间
- 起床后沐浴朝阳，呼吸新鲜空气
- 将床置于窗边，早晨可以感受到晨光，听到鸟鸣或者其他生活中的声音

- 夜晚入睡后关闭空调，清晨在自然温度中醒来
- 起床时播放孩子喜欢的音乐
- 使用孩子喜欢的闹钟
- 大人要做好榜样，营造清晨愉快的氛围
- 烹饪让孩子期待的早餐
- 让早餐的香气飘散到卧室
- 睡前跟孩子聊聊第二天起床后让人期待的安排

玩耍·运动的窍门

- 运动到微微出汗的状态
- 早餐要吃好
- 早起排宿便
- 步行去幼儿园，进行热身
- 创造可以让孩子悠闲的自由玩耍的空间
- 创造可以和朋友一起玩耍的环境
- 充分保证游戏的时间
- 家长和孩子一起玩耍
- 把自己喜欢的游戏介绍给孩子，传承下去
- 不要开电视或者看录影，零食放到孩子看不见的地方

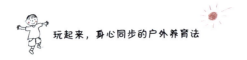

- 当孩子沉迷于某事物时,不要打扰他
- 孩子对你说"看啊"的时候,认真地看过去并且发表看法
- 当孩子出色完成时,要不遗余力地夸奖
- 在午后的黄金时段(15-17时)充分玩耍

生活节奏和很多因素息息相关,打乱一个则全盘皆乱。但是反过来说,只要理顺了一个,其他的自然也会好转。我们所列举的技巧并非需要一一实现,其实只要做到了一点,其他的便会自然而然地获得改善。

养成了良好的运动习惯,就会自然形成早睡早起的节奏。先从一点开始突破,即使最细微的行动,也能产生显著的结果。

孩童的"常态"是不正常的

运动量减少、晚睡晚起、不吃早饭、排便不规律等，近年来儿童的起居问题层出不穷。那么，我为什么将这些都归类为问题呢？

生活不规律会造成自主神经机能衰退。自主神经是指自动调节维持生命所需的呼吸、循环、消化、吸收、排泄等功能的神经。如果无法自动地调整各项基本功能，身心就会失衡。

早晨一起床就觉得疲劳，不想动。
无法顺利地交朋友。
沉不下心，烦躁易怒。
有气无力，缺乏感动。

其表征便是昏昏沉沉，如同在倒时差一样。这样的状态不可成为常态。如果长期如此、症状加重，还会引起荷尔蒙分泌异常和自主神经衰退，造成运动能力极度下降。孩子升入小学或中学后也总是无法集中精力学习，甚至还有可能演变成辍学的状况。

这也许很耸人听闻，却是日本儿童的现状。但是我们可以改变这个状况。

只要依靠户外活动，"生活不规律→自主神经功能紊乱→有气无力·缺乏感动"的恶性循环，就可以一口气地将其转变为良性循环：即"户外活动→舒畅而微疲的状态→早睡早起→自主神经功能改善→身心健康成长→自主神经功能正常"。就这样，通过运动的联动作用，各种问题便迎刃而解了。

活动身体、尽情地玩耍，借由这些简单的做法，就可以将孩子引往光明的未来。

但人们大多对此毫无感觉。所以我才更要强调存在于儿童生活中的威胁以及户外活动的重要性。

首先要认识到问题，接着我们才能比对儿童原本的样子和他们现状之间的落差，并且为此翻来覆去、绞尽脑汁地思索。如果我的呼吁对大家有所触动的话，也可以说是迈出了第一步。

没有比看到无精打采的孩子更让人觉得心痛的了。从孩子身上感受不到蓬勃的生命力,这不由让我们惊骇。

好奇心旺盛,沉迷于各种事物,拼命地成长,我希望这样的孩子随处可见。

这样的念头随着我每一次接触到更多的孩子,就愈加明显、愈加强烈,并且在不断加剧。

有时效性的户外活动体验

幼儿在出生前 6 年的神经系统发育约可达到成人的 90%，也就是说幼儿期是神经系统急速发育的时期。说句不过分的话，孩子在这个时期累积的各种运动、游戏经验，直接会影响到他们一生的运动能力。

运动能力受到脑神经的支配。幼儿时期获得的经验越多，中枢神经回路便越发达。这是神经传导的通路变得更宽阔更坚实的原因。

在幼儿期成型的中枢神经回路一旦形成就不会轻易消失。而我们一旦某方面变得卓越，便会自发地增加该能力的运用。所以，培养运动能力要从小开始。

有的家长觉得每天都很忙，没时间出去玩。但运动神经的发育却是有关键期的。

幼儿期的神经系统发育可以奠定我们运动能力的基

础，幼儿期是影响运动能力的关键期；升入小学后的儿童期是提高运动敏捷性的关键期；到了中学阶段则是培养耐力的关键期。相对应的，如果错过了发育的关键期，再想提高这些能力就变得非常困难了。

家长只要知道了这几个关键期，就可以对孩子的行动以及应该开展的运动内容有的放矢地给予帮助了。

我说的提高运动能力，并不单纯指增强某项运动的能力，还包含了身体各部位和肌肉运动的协调性，是维持身体均衡发展、培养协调性的过程。另外，随着基础运动能力的提升，还可以减少多余的能量消耗，优化身体机能。

也就是说，运动能力是我们赖以生存的根基。根基扎实与否，直接决定了其余部分上的构造。

童年期和青少年期的游戏经验成了孵化未来的关键，同时游戏的过程也创造了宝贵的亲子交流时光。

近年来，小学生和中学生大都忙着穿梭于各种补习

班、兴趣班、课外小组之间,和家长一起玩耍的时间越来越少了。

然而能让我们和孩子忘乎所以地玩相扑、球类、追人这类简单的游戏,打从心底觉得愉悦、可以肆意欢笑的时间,却只有童年时期。

无论是对渴望玩耍的孩子来说,还是对希望增加亲子相处宝贵时光的家长来说,户外活动都是弥足珍贵的。它值得您在百忙之中花些心思,并且它会反馈给您相应的回报。

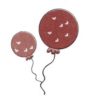

结束语

现如今受到成人熬夜的影响，儿童的生活也失去了规律。如果人处于不规律的生活节奏下，就会导致易怒易躁，注意力下降，无法与人好好相处，总感觉有气无力等问题。生活节奏紊乱有很多负面影响，不光会对儿童的身体带来伤害，还会造成学习能力或体力的下降，严重时还会引发心理问题。

要想解决这些问题，家长需要切实重视"儿童原本的生活状态（营养·运动·休息的平衡）"这个问题。目前有一个在日本兴起的"早睡·早起·早餐"运动。这个运动作为改善健康的方法是有效的，但对激发自主

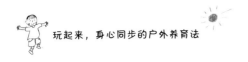
玩起来，身心同步的户外养育法

神经的运作、增加孩子活力的作用却是微不足道的。

如果您希望培养出能主动行动、有自主思维能力的孩子，就必须加入来自"运动"的刺激。尤其是激发孩子对户外活动的兴趣，这是自主神经功能发育所不可或缺的。为了调节生活规律，让孩子在白天充分消耗精力、释放情绪，为孩子创造运动的机会和场所，其重要性是不言而喻的。

所以有必要在"早睡·早起·早餐"的基础上，增加代表户外游戏的"运动"一项。总结起来就是"好好吃饭""好好运动""好好睡觉"。让我们立刻开始行动，展开一场声势浩大的号召，让运动的重要性深入人心。这样，肩负着日本将来的孩子们才会形成健康的生活规律，朝气蓬勃地活跃在各个舞台上。

家长及社会应尽可能地帮助他们，为了孩子们的将来和幸福尽一份力，切实地为他们创造有利于户外活动的环境，让户外活动变成生活常态。

最后，我想对为了本书出版而辛勤付出的株式会社童梦的宗像真理子阁下、负责文案撰写的池田惠子阁下，以及主妇之友出版社的今野晃子阁下表示由衷的谢意。

早稻田大学人类科学学院
教授、医学博士 前桥明